AF262046

OBSERVATIONS

SUR LA DÉFENSE

DU FORT L'ÉCLUSE

EN 1815.

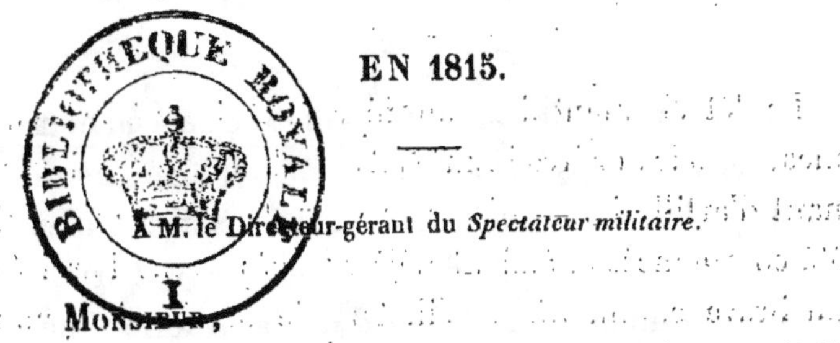

À M. le Directeur-gérant du *Spectateur militaire*.

MONSIEUR,

J'ai lu dans la dernière livraison du *Spectateur* un article sur la défense du fort l'Écluse en 1815 ; ayant pris part à cette défense comme capitaine commandant l'artillerie du fort, je me serais abstenu de rappeler l'attention de vos lecteurs sur le même sujet, si je n'avais eu qu'à signaler quelques inexactitudes touchant les hommes et les choses, inexactitudes qui peuvent être excusables, lorsque la relation repose sur des souvenirs empruntés et déjà bien anciens ; mais j'ai à signaler surtout une allégation fausse qui porterait atteinte à la mémoire ou à l'honneur de gens qui ont fait preuve de bravoure. — D'ailleurs l'histoire, grande ou petite, n'a pas seulement pour but de retracer les faits, les belles ou bonnes actions, et de rendre aux hommes toute justice qui serve pour d'autres d'exemple et d'encouragement ; elle doit aussi, autant que possible, tirer des faits des inductions utiles qui, dans l'avenir, puissent diriger dans un meilleur emploi des choses.

Dans ces intentions, j'ai l'honneur de vous adresser, monsieur le directeur, les observations qui suivent, en vous priant de vouloir bien les faire insérer dans votre plus prochaine livraison.

Agréez , etc.

J. MADELAINE.

Paris, le 14 juillet.

————

Le détachement de canonniers était de 25 à 30 hommes, sous les ordres immédiats de M. Geoffrin, lieutenant d'artillerie. — Divers travaux de défense avaient été commencés et étaient déjà avancés avant l'arrivée du brave commandant Villetard de la Guerie (non *Villetague* de la Guerie). — L'ennemi n'ayant paru que le 1er juillet, les travaux furent continués autant que le permettaient les circonstances; M. le colonel, directeur du génie, était venu reconnaître les lieux, etc. — Le fort offrait un abri voûté assez vaste ; on blinda le devant du magasin à poudre placé dans une cavité du rocher, et le premier étage du bâtiment de la porte de Genève, *local* qui ne pouvait servir ni d'abri, ni de logement, puisque , percé d'embrasures et renfermant deux bouches à feu, on en avait fait une batterie blindée. Qu'on veuille bien remarquer que ce fut ce bâtiment qui, le 7 au matin, s'écroula tout-à-coup.

Dans l'article précité, il est dit, page 249 : *que les mutins prirent le parti de se réfugier* SOUS LES BLINDAGES, *où* LA PLUPART *furent le lendemain brûlés ou écrasés.*

Au nom de plusieurs braves qui ont succombé écrasés sous les blindages, au nom des trois personnes échappées au désastre, et par conséquent en mon nom propre, je repousse *formellement* cette fausse allégation : ni le commandant Villetard, ni le capitaine Gauthier, ni des témoins oculaires quelconques n'ont pu dire ni écrire pareille chose, car cela n'a pas été et ne pouvait pas être, puisque cette batterie blindée, étroite et occupée par deux pièces et par leurs servants, ne pouvait recevoir les gardes nationaux révoltés, qui, pour se mettre en sûreté, avaient une casemate voûtée entièrement à l'abri du feu de l'ennemi. Au reste, à l'endroit où la scène de mutinerie se passait, derrière l'enceinte en maçonnerie, ces gardes nationaux n'avaient pas de dangers à courir.

Il y a inexactitude dans l'assertion, même page 249 : *que les officiers* PRESQUE SEULS *parvinrent encore à se rendre maîtres de nouveaux incendies*; car partout où il y avait des dangers à courir, on y trouvait les canonniers, auxquels M. G. M. rend d'ailleurs justice, et qui furent si utiles en se dévouant eux-mêmes et en soutenant par leur belle conduite le moral de plusieurs gardes nationaux (1).

———

Après les rectifications que je viens de faire, je passe aux choses et aux inductions à tirer de ces funestes expériences. J'entrerai d'abord dans quelques détails sur la question de savoir quelle fut la cause de l'écroule-

(1) L'exaltation de ces braves gens était portée à un point tel que pendant la nuit du 6 au 7, un sergent et 3 canonniers parvinrent à s'échapper : après avoir escaladé les murs du fort, ils se dirigèrent sur le village de Longerey, et ne tardèrent pas à rentrer apportant en trophée des sabres et des schakos d'Autrichiens; il n'y avait pas grand' chose à dire à de tels hommes en pareille circonstance. — Le corps du sergent qui avait porté l'audace si loin, et dont je regrette de ne pouvoir citer le nom, le lendemain matin gisait sous les ruines du bâtiment écroulé.

ment du bâtiment de la porte de Genève, parce que je crois cette question importante, et je rappelerai à ce sujet ce que j'eus l'occasion d'écrire à M. G. M. qui me posait cette même question (1).

« Le 7 juillet à la pointe du jour, le feu avait re-
» commencé de part et d'autre, lorsque, vers 7 heures
» du matin, *sans qu'aucun indice ait pu faire prévoir une*
» *catastrophe*, le bâtiment s'écroula tout-à-coup, et en-
» sevelit sous ses décombres 32 hommes, canonniers,
» gardes nationaux et retraités, sur lesquels trois, un
» jeune officier, un canonnier et moi fûmes retirés, les
» uns sans connaissance, et tous trois plus ou moins
» grièvement blessés.

» Cette catastrophe ne peut être attribuée à une ex-
» plosion d'obus tirés par l'ennemi; car, dans le tir de
» haut en bas, les obus auraient pu difficilement passer
» à travers les embrasures; de plus, *il y aurait eu un*
» *temps quelconque, un intervalle nécessaire entre l'entrée*
» *du projectile et son explosion, dont nous aurions pu nous*
» *apercevoir.* — Il n'y a non plus probabilité que le feu
» ait été communiqué à nos munitions en dépôt dans
» un petit local en arrière et entièrement isolé par un
» mur de refend; car si ces munitions avaient pris feu
» dans le petit magasin, il y aurait eu explosion et les
» débris auraient été projetés au loin, ce qui n'eut pas
» lieu.

» En cherchant depuis à m'expliquer comment le bâ-
» timent a été renversé ou plutôt s'est affaissé, je crois

---

(1) Sur la demande de M. G. M., je lui adressai de Strasbourg, en janvier dernier, quelques notes rédigées à la hâte en réponse aux six questions qu'il m'avait posées, ignorant d'ailleurs l'usage que M. G. M. se proposait de faire de ces notes.

» que plusieurs causes ont dû contribuer plus ou moins
» à l'effet produit : le bâtiment, composé de deux ou
» trois étages, renfermait au premier, percé d'embrasu-
» res, 1 pièce de 12 et 1 de 4 qui, *dès le 4 juillet, avaient*
» *fait feu et avec lesquelles on continuait à tirer.* Dans l'in-
» tention de mieux abriter cette batterie, le premier
» étage qui n'était que plancheyé au-dessus et qui avait
» pour sol la voûte au-dessus de la porte de Genève ;
» cette espèce de casemate avait été blindée avec des sa-
» pins de 0^m,50 à 0^m,60 d'équarissage.

   » Il est à remarquer *que les hommes de cuisine qui fai-*
» *saient la soupe dans l'étage au-dessus, étaient soulevés*
» *chaque fois que nous tirions de cette batterie, et cela par*
» *l'effet des violentes commotions produites par les deux*
» *pièces de campagne dont l'explosion se faisait en quelque*
» *sorte dans l'intérieur, à raison du peu de longueur des*
» *pièces.* Il peut se faire d'autre part que les blindages
» aient été bien nuisibles, en ce que les montants forcés
» maintenaient pour ainsi dire en équilibre le haut du
» bâtiment que les commotions répétées devaient encore
» contribuer à disloquer; enfin le choc des projectiles
» ennemis contre une des faces du bâtiment, et puis la vé-
» tusté, *peut-être,* de la maçonnerie : voilà les quatre
» causes, suivant moi, qui ont pu déterminer la chute
» subite du bâtiment. »

   Il n'est pas naturel, mais presque impossible, *d'attri-*
buer un pareil effet à un obus qui aurait éclaté au milieu des
blindages, comme le dit M. G. M., en note, page 250 ;
car cet obus arrivant sous une inclinaison assez grande
pour ne pouvoir que difficilement pénétrer dans l'intérieur, il aurait rencontré ou un affût ou des hommes,
ou aurait au moins ricoché d'abord sur le sol avant
d'atteindre quelques montants de blindage pour y écla-

ter et y produire, s'il est possible, un incendie assez intense, etc. ; il est impossible que nous ne nous fussions pas aperçu de toutes ces choses; et même, dans ce cas inadmissible, comment, sans recourir aux circonstances exposées plus haut, expliquer la chute du bâtiment tellement instantanée que personne n'en put sortir et faire pour cela quelques pas seulement ?

Quant à ce qui est dit, sans doute pour justifier l'incendie par un obus, « qu'*en moins de dix minutes* le bâ- » timent était tout en feu, et que les 32 hommes ense- » velis sous les ruines périrent presque tous écrasés ou » brûlés en poussant des cris lamentables, » il ne m'a pas été donné de le voir; mais si l'incendie a été si prompt, *si tout était en feu en moins de dix minutes*, il est surprenant que les vêtements en lambeaux que les Autrichiens nous avaient laissés, à mes deux compagnons et à moi retirés de dessous ces ruines, n'aient porté aucune trace de cet incendie si vaste et si prompt, et qu'on ne nous en ait pas parlé après, comme on nous fit part de plusieurs autres incidents, par exemple, du nombre d'hommes, *et de* la batterie blindée, *et de* l'étage supérieur, *et* d'un autre petit bâtiment adjacent et crénelé, qui tous avaient péri.

———

Je me permettrai d'entrer ici dans des détails sur les effets des pièces dans leur tir sur des objets *au-dessus* et *au-dessous* de l'horizon, effets que j'ai pu remarquer au fort l'Écluse, et qui se rattachent à une question intéressante qui jusqu'à présent a été peu examinée, et qui n'a été soumise encore, que je sache, à aucune expérience spéciale (1).

(1) Dans les polygones des écoles d'artillerie, les points à battre sont

M. G. M. dit page 249 : « que les embrasures des bâ-
» timents du fort ne permettant pas de tirer de bas en
» haut, il fallut, pour répondre à cette batterie (la plus
» élevée) qui était à environ 750^m de distance et plon-
» geant au 9°, mettre les pièces à découvert sur la plate-
» forme. »

Une pièce de 4, quelque faible qu'elle fût, nous n'en
avions pas d'autres dont nous pussions disposer, cette
pièce était déjà en batterie dans l'avancé et son em-
brasure faite dans l'épaulement en terre, car nous avions
bien prévu que l'ennemi disposerait de la redoute abandonnée sur l'autre rive. Pour mettre à couvert la plupart
de nos servants des éclats de pierre pouvant venir de
l'enceinte en maçonnerie qui était en arrière et plus
élevée que le terre-plein avancé, notre batterie avait
été d'avance blindée ou plutôt couverte avec des fascinages.

Autant que je peux me rappeler, il me semble que la
distance, au lieu de 750^m, ne devait pas être de plus de
500^m (1). — En admettant que la redoute abandonnée
nous dominât de 80^m, comme il est dit, on trouve que
l'inclinaison devait être un peu plus de 9° pour 500^m de

toujours à peu près de niveau avec les pièces ; la question que je dis n'a-
voir pas encore été soumise à des expériences spéciales, est celle de l'influence des hauteurs ou lieux bas où peuvent se trouver les points à battre
par rapport aux pièces, et pour la justesse de tir et pour la vitesse ou la
force que les projectiles doivent conserver près du but. — Les charges et
le mode de chargement étant les mêmes, on doit admettre que dans ces cas
l'inflammation de la poudre ne s'opère pas de la même manière, et qu'il
doit en résulter des différences plus ou moins grandes dans les effets des
projectiles.

(1) Dans le cas où M. G. M. aurait pris sur un plan ou fait prendre sur
les lieux cette mesure, il faudrait encore que la position de l'ancienne
redoute eût été bien reconnue, ce qui me paraîtrait douteux d'après l'emplacement qui lui est assigné dans la planche jointe à l'article.

distance, inclinaison qui aurait été entre 7 et 8° pour 600ᵐ, enfin de 6° seulement pour 750ᵐ, le commandement restant le même (de 80ᵐ) dans ces différents cas (1). — Quel que soit au reste le chiffre exact de cette inclinaison, chiffre que j'aurais pourtant désiré pouvoir préciser ici, nous nous voyions dominés à tel point que, sous l'impression si vive de notre infériorité relative et de notre impuissance, nous nous attendions, en commençant le feu, à être écrasés dans notre batterie avancée. Pourtant, chose bien remarquable, l'ennemi, qui ne cessa de tirer, pendant toute la journée du 6, de la redoute avec 2 pièces de 12 et 1 obusier, ne parvint pas à nous causer *le moindre* dommage : pas un de ses projectiles, qui frappaient çà et là le grand mur d'enceinte en arrière et les bâtiments, n'atteignit notre épaulement et les fascinages dont nous étions couverts (2). Le tir de l'ennemi n'était pas seulement sans la moindre justesse, mais ses projectiles arrivaient presque sans force dans le fort, puisque les empreintes qu'ils laissaient dans la maçonnerie en moellons n'avaient pas plus de 0ᵐ,05 à 0ᵐ,07 de profondeur : ce peu de force qui restait aux projectiles doit même justifier les canonniers autrichiens du reproche d'une excessive maladresse qu'on aurait pu autrement leur adresser. — Ainsi, sans les dangers d'incendie par les obus contre lesquels nous devions être continuellement en garde, abrités dans no-

---

(1) Ce qu'il y a de certain, c'est que pour le tir que je dirigeais moi-même, la vis de pointage était descendue presque jusqu'à la limite ; eu égard encore à la pente de la plate-forme, cela me porterait à croire qu'il y avait au moins 9 à 10° d'inclinaison.

(2) Notre pièce fut à la vérité démontée, elle eut son essieu cassé le soir, mais de fatigue pour avoir tiré toute la journée sous un angle aussi élevé.

tre casemate *voûtée* et derrière le grand mur d'enceinte, même sans chercher à riposter, nous n'aurions absolument rien eu à craindre de l'ennemi *faisant feu de cette position plongeante*, que nous pouvions croire devoir nous être si désavantageuse.

La pénétration des boulets, qui étaient du calibre de 12, dans nos maçonneries assez bonnes qui étaient en moellons, n'étant que de $0^m,05$ à $0^m,07$, si l'on compare ces pénétrations avec celles portées dans la table de l'*Aide-Mémoire* de 1836, on voit dans cette table, page 331, que, dans une maçonnerie en moellons de *bonne qualité*, pour les boulets tirés avec des pièces de 12 de place, qui n'offrent pas de grandes différences pour les effets avec celles de 12 de campagne, la pénétration est :

POUR LES DISTANCES (EN MÈTRES).	400	600	800
Charges au tiers.	$0^m,330$	$0^m,255$	$0^m,195$
— au quart.	$0^m,300$	$0^m,225$	$0^m,175$
— au sixième.	$0^m,255$	$0^m,190$	$0^m,155$

De ce tableau qui indique les pénétrations des boulets de 12 pour un tir horizontal aux distances indiquées, on pourrait conclure que nos pénétrations étaient de trois à cinq fois plus faibles, tandis que d'après la théorie ou plutôt d'après les idées reçues, elles auraient dû être, *au contraire*, SUPÉRIEURES à celles du tableau, puisque eu égard à la différence de niveau de 80^m dans le tir incliné *au-dessous* de l'horizon, les vitesses d'*arrivée* des boulets auraient dû être plus grandes que dans le tir horizontal.

La conséquence à déduire des faits ci-dessus serait donc que dans un pareil tir, sur un but *au-dessous* de l'horizon, les vitesses *initiales* sont tellement affaiblies, que l'*effet de la gravité* pour maintenir ou conserver de grandes vitesses aux projectiles dans leur mouvement incliné, est bien loin de compenser les pertes de force provenant d'une inflammation et des effets de la poudre dans ces cas plus incomplets.

Pour riposter, nous tirions du terre-plein avancé aussi sous la *même* inclinaison, mais *au-dessus* de l'horizon; nous n'avions pour cela sur ce point que notre seule pièce de 4 disponible. Chose encore remarquable, c'est que notre tir, quoique bien impuissant avec une seule pièce de campagne d'un si faible calibre contre un ouvrage en terre si élevé et à une grande distance, notre tir était cependant assez juste : car, à la poussière soulevée chaque fois, nous nous apercevions que les boulets touchaient l'épaulement; nous parvînmes même à défigurer les embrasures et à mettre quelques canonniers autrichiens hors de combat.

A ce sujet,

Si l'on veut remarquer combien, dans le tir incliné de *bas en haut*, les portées augmentent successivement, à tel point qu'*en terrain horizontal*, d'après des expériences déjà anciennes, la portée d'une pièce de 24 chargée au tiers, qui n'est que de 920^m pour l'angle de tir de 2° correspondant *déjà* à une hausse de $+$ 0^m,042, devient de 1,750^m pour l'angle de tir de 5°; et puis de 2,401^m pour l'angle de tir de 10°; enfin, de 3,120^m pour l'angle de tir de 15°, etc., etc., etc.;

Si l'on veut bien remarquer qu'évidemment ces grands excédants de portées et les forces restant encore aux boulets, font beaucoup plus que compenser l'excédant de force des boulets à 920^m de distance sous l'angle de tir *même* de 2°, et qu'il faut pour cela que la force expansive de la poudre et les vitesses initiales correspondant aux grandes portées, comparées aux autres, soient d'autant plus grandes que la résistance de l'air devient dans ces cas beaucoup plus forte, et que les portées elles-mêmes ne peuvent guère augmenter que comme les *racines carrées* des vitesses initiales;

Enfin, si l'on veut encore remarquer que la portée des mortiers augmente sous des angles de plus en plus élevés jusqu'à 42° environ avec les mêmes charges, et combien l'effet dynamique obtenu avec un mortier de 12°, par exemple, est proportionnellement plus considérable que celui des pièces de 24, quoique beaucoup plus longues, effet quatre et six fois plus grand, et qu'on ne saurait pourtant attribuer qu'à l'inclinaison du mortier et au plus grand poids des bombes à lancer. — Pour le mortier - géant, quelle force plus grande encore la poudre ne doit-elle pas développer, pour qu'avec une faible charge de 6 kil., une bombe du poids énorme de 5oo kil. soit lancée à 1,000ᵐ de distance ! etc., etc. ;

D'après toutes ces considérations, on conviendra sans peine que Lombard, praticien habile et si éclairé, avait raison de dire dans son *Traité du mouvement des projectiles*, page 169 : *Que dans une pièce inclinée* AU-DESSUS *de l'horizon, le boulet pesant en partie sur la charge, résiste à l'expansion du fluide élastique, par là fait développer une plus grande quantité de fluide, et en augmente beaucoup la tension par un développement de chaleur bien plus intense, et en reçoit une plus grande vitesse.*

Mais cet accroissement de vitesse doit être soumis à une loi quelconque, et si depuis l'angle de tir égal à 0°, la vitesse initiale augmente de plus en plus sensiblement pour des angles élevés *au-dessus* de l'horizon , parce que le boulet pèse de plus en plus sur la charge, comment pouvoir se refuser d'admettre aussi , avec Lombard, que pour des angles *au-dessous*, la vitesse initiale décroîtra d'après la même loi, puisque le boulet, loin de peser alors sur la charge, tendra lui-même de plus en plus à s'échapper? Or, comme la justesse du tir et la force des projectiles près du but, *tout égal d'ailleurs*, dépendent de leurs vitesses initiales, et que ces vitesses doivent être ici moins grandes, il en résulte donc que pour des angles de tir *au-dessous* de l'horizon, les projectiles devront avoir moins de justesse et de force près du but (1).

(1) J'ai dit *tout égal d'ailleurs*, faisant ainsi abstraction de la modification de la vitesse due à la gravité dans le mouvement incliné des projectiles. Sans doute, il y a à tenir compte de cette influence; mais dans les tirs au-dessus de l'horizon, dans ces trajectoires élevées et beaucoup plus longues, dans les durées de portée plus grandes, la gravité n'agit-elle pas là pour atténuer les effets? Pourtant son influence affaiblit peut-être, mais ne détruit pas dans ce cas la supériorité des effets de la poudre, en modifiant bien plus la direction que la vitesse des boulets. Ne serait-il pas permis d'en déduire aussi que pour le tir incliné sur des objets *au-dessous* de l'horizon, l'influence de la gravité ne parvient pas, jusqu'aux distances ordinaires du tir donnant de bonnes portées, à rétablir ce que les projectiles perdent en vitesse par l'effet alors plus incomplet des mêmes charges de poudre. On peut d'ailleurs se faire une idée combien, en pareil cas, cette influence de la gravité doit être peu appréciable sur les vitesses propres d'impulsion des projectiles, en considérant qu'un boulet de 24, par exemple, lancé verticalement , n'atteindrait en retombant qu'une vitesse finale *maxima* au plus de 130 mètres *qui deviendrait dès lors uniforme*, eu égard à la résistance de l'air, vitesse qui serait même due à une hauteur de chute de 830 mètres environ! (*Hutton,* 2ᵉ partie, traduite par M. Terquem); tandis que dans le tir horizontal , le boulet de 24, sous l'angle de tir de 4° 15′, avec la charge de 1/3 de poudre ordinaire , conserve encore une vitesse *calculée* de 200 mètres environ à une distance de 1,500 mètres dans la

De tous les faits ci-dessus, et de leurs conséquences,
on est donc porté à conclure, au défaut de données

branche descendante de sa trajectoire, dont la plus grande hauteur n'est
que de 38 mètres environ.

Je cherche, comme l'on voit, *à tirer des faits et des rapports des
choses entre elles*, des inductions, quelque contraires qu'elles soient
à des idées qui, bien que reçues, ne reposent cependant que sur une
théorie en laquelle on ne doit pas, en ces cas, avoir confiance, parce
qu'elle n'est fondée absolument que sur des hypothèses et des abstractions : je demanderai en effet si l'on a, *pour ces cas*, les moindres
données *précises* sur les effets simultanés et si compliqués *et* des vitesses
initiales, *et* de la résistance de l'air, *et* de la gravité, *et* des vitesses fi-
nales des projectiles suivant une direction inclinée. Puisqu'on n'a pas ces
données, il semble que des assertions reposant sur quelques faits positifs
et spéciaux et sur des inductions tirées d'autres faits incontestables qui se
rapportent à ces cas, sont préférables; que si ces assertions ne sont pas
préférables, elles peuvent du moins, dans l'état actuel des choses, être op-
posées à la théorie la plus savante qui n'est fondée que sur des abstractions.

Comment admettre, par exemple, même pour le tir à ricochet sur des
objets *au-dessous* de l'horizon « que les vitesses marchent très rapidement,
» lorsque le tir continue à s'abaisser; qu'elles arrivent quelquefois d'une
» manière très brusque à une vitesse qui serait infinie et pour laquelle on
» indique l'angle de tir correspondant à cet effet, s'il était possible ? C'est
» certainement, dit-on, une limite extrême.... La trajectoire est alors une
» ligne droite qui se confond avec la ligne de mire. » Toutes ces choses
peuvent fort bien se trouver dans des formules, dans des tracés de courbes,
mais elles ne sont certainement pas dans la nature. — J'ai trouvé autre
» part que la *bonne* portée du fusil, qui dans le tir horizontal n'est guère
» que de 200 mètres sur un terrain horizontal, s'allonge sur les pentes *au-
» dessous* de l'horizon, de manière que cette *bonne portée* serait de 300
» mètres sur une pente au 40ᵉ; de 400 mètres sur une pente au 20ᵉ; de
» 500 mètres sur une pente au 10ᵉ, et de 600 mètres sur une pente au 6ᵉ.»

Il est, je pense, bien à remarquer que pour les fusils qui ont de petites
charges de poudre et de longs tubes, les différences entre les vitesses initiales pour le tir sur des points au-dessus et au-dessous de l'horizon, doivent être bien moins sensibles que pour les pièces d'artillerie proportionnellement plus courtes, ayant de forts calibres et de grandes charges de

pratiques quelconques sur la vitesse et les effets des projectiles pour des buts *au-dessus* et *au-dessous* de l'horizon, que la justesse de tir et la vitesse finale des boulets doivent augmenter ou décroître, à mesure que les inclinaisons sont plus prononcées, bien entendu jusqu'à certaines limites, tout en tenant compte de l'influence de la gravité, qui dans les deux cas doit plutôt réagir sur la *direction* que sur la *vitesse* des projectiles dans leur mouvement incliné, tant que cette vit sse est assez grande et correspond aux bonnes portées; la direction des projectiles parcourant leur trajectoire étant d'ailleurs rectifié à l'aide de hausses, etc.

Ainsi, il y aurait concordance de ces inductions avec les résultats du fort l'Écluse que j'ai signalés.

Deux positions distantes à bonne portée de canon étant données, l'une dominant l'autre sous une inclinaison ayant pour limite 10 à 12°, quelle est la position que l'on pourrait considérer comme la plus avantageuse pour le tir des pièces (1) ?

poudre : ainsi, il doit arriver même que pour les tirs à ricochet des pièces *avec petites charges*, l'inclinaison ait moins d'influence, comme pour les fusils; que leur tir sur des objets *au-dessous* de l'horizon *soit plutôt favorable*, parce que la vitesse *initiale* doit être ici à très peu près la même, quelle que soit l'inclinaison, pour des chargements faits de la même manière (mêmes charges, bourres et bourages ; *voir plus loin la note*, page 493). Alors il peut y avoir réellement, je ne dis pas augmentation, mais conservation de vitesse par l'effet de la gravité, sans que cette différence d'effet avec celui du tir horizontal (tir avec justesse) puisse, même ici, être aussi considérable qu'il est dit plus haut, à raison de la résistance de l'air agissant sur la surface proportionnellement beaucoup plus grande de la balle, etc., etc., etc.

Autant la science qui repose sur des faits *nombreux, positifs* et *spéciaux*, est à rechercher dans les applications ; autant elle est alors profitable aux arts, autant leur est nuisible la science tant qu'elle n'est que spéculative, car elle ne peut que les égarer.

(1) Je pose cette question pour les pièces d'artillerie d'une manière

Je croirais pouvoir me permettre maintenant de répondre qu'en général la position *dominée* serait à préférer pour la justesse du tir et pour la force finale des projectiles. — Quelles règles à suivre, quels degrés de hausse à donner dans ces deux cas, afin d'éviter des tâtonnements? Possède - t - on ces règles particulières, ou celles qui sont en usage sont-elles applicables à ces cas différents? C'est ce que je tâcherai d'examiner plus loin.

générale pour les distances ordinaires et pour des inclinaisons limitées à 10 ou 12°, et indépendamment des hausses à donner, qu'elles soient positives ou négatives, ou l'un ou l'autre pour les deux pièces; car à la position dominée répondra toujours un angle de tir plus élevé. C'est à dessein que j'ai spécifié deux positions à *bonne* portée de canon; car si l'on ne tenait qu'à atteindre les plus grandes distances sans égard à la justesse du tir, il est évident que les hauteurs seraient alors préférables, puisque la branche descendante de la trajectoire serait plus allongée. Mais quel que soit le tir : horizontal, de haut en bas ou de bas en haut, il y a nécessairement des limites pour les distances considérées sous le rapport des *bonnes* portées, limites qui doivent *surtout* dépendre des vitesses *initiales* imprimées aux projectiles, etc., etc. — Quant aux inclinaisons, elles sont limitées, *et* par celles que l'on peut donner aux pièces sur leurs affûts, *et* par l'obligation de ménager ces affûts, leurs essieux, etc., qui ne résisteraient pas à un tir trop incliné. Mais il y a à considérer encore que si d'une part les inclinaisons influent de plus en plus sur les vitesses initiales pour les accroître dans un cas ou les affaiblir dans l'autre; d'autre part, la gravité doit plus influer sur les vitesses acquises sous des inclinaisons plus grandes, soit en retardant ces vitesses pour le tir de bas en haut, soit en les maintenant plus grandes (non pas en les accélérant) pour le tir de haut en bas, en sorte qu'il doit y avoir, *sous ce rapport,* une limite la plus avantageuse , qui très probablement n'est atteinte qu'au-delà des angles de 10 à 12° jusqu'à ceux de 20 et même 25° pour lesquels les portées sont encore comparativement bien plus grandes, en terrain horizontal, etc.

CONSÉQUENCES A DÉDUIRE DE LA DÉFENSE DU FORT ET DES OBSERVATIONS QUI PRÉCÈDENT.

On a vu dans l'article (livraison du 15 juin) que le fort de l'Écluse arrêta sur ce point, pendant six jours, l'ennemi qui s'était montré dès le 1er juillet sur la rive gauche du Rhône, et que, le 7, les Autrichiens ne durent la reddition du fort qu'à un accident imprévu et d'autant plus funeste que sans cette catastrophe la défense aurait pu être plus longue même dans les circonstances si fâcheuses dans lesquelles nous nous trouvions, puisque nous n'avions guère qu'à continuer à nous tenir en garde contre de nouveaux incendies et contre des mutineries qui ne se seraient probablement pas renouvelées.

Maintenant, si l'on considère quelle était réellement notre position, quinze jours après le désastre de Waterloo, alors que la France était déjà envahie, que Louis XVIII rentrait dans Paris et que l'armée des Alpes, en se retirant, avait abandonné un ouvrage construit pour nous protéger, ouvrage que l'ennemi put, sans coup férir, tourner contre nous;—si l'on considère quels étaient nos moyens d'action : nos troupes composées de quelques soldats retraités, de quelques canonniers et de gardes nationaux, par l'effet des circonstances, en partie démoralisés; nos bouches à feu toutes de campagne, en trop petit nombre, de trop petit calibre et par conséquent d'une trop faible portée ; et le fort lui-même, petit, resserré, auquel on n'avait pu, en deux mois, ajouter que des moyens précaires de résistance ; —si l'on considère enfin que dans d'aussi fâcheuses circonstances, sans l'accident survenu, la défense aurait pu être plus longue, et combien elle aurait pu être plus prolongée encore, même contre des attaques plus puissantes, mais dans des circonstances ordinaires et avec tous les moyens requis pour la défense, soit en hommes, soit en matériel, sans admettre même d'améliorations notables dans le système de défense.

De tout ce qui précède, et en envisageant la *position* du fort en elle-même dans cette gorge resserrée par les rochers, dont la *vue* jointe à l'article de M. G. M. donne une idée, il semble qu'on pourrait conclure qu'en temps de paix avec *trois à quatre cent mille* francs AU PLUS, bien employés en ouvrages permanents et en excavations *défensives* dans le rocher, à des hauteurs et dans des positions convenables, on aurait pu rendre ce Fort capable de résister très long-temps aux attaques les plus imposantes et de forcer en conséquence l'ennemi à porter sur d'autres points ses efforts pour parvenir à pénétrer avec son matériel sur notre territoire (1).

(1) Le précis historique présenté par M. G. M. fait voir qu'en roulant des pierres et des quartiers de rocher, on a souvent cherché, et l'on est parvenu quelquefois à se rendre maître du fort. Pour les ouvrages à découvert et dominés par les rochers supérieurs et escarpés, il semble qu'on puisse avoir à craindre des tentatives pareilles qui pourraient peut-être devenir plus décisives par des trous de mines que l'ennemi ferait jouer, de telles opérations exigeant d'ailleurs de faibles moyens et pouvant produire des effets désastreux sur les bâtiments, sur les voûtes que d'énormes quartiers de rocher projetés en quelque sorte comme des bombes, parviendraient à écraser.

Il semble qu'on aurait pu facilement se mettre à l'abri de ces dangers, tout en augmentant beaucoup les moyens de défense, à l'aide de quelques excavations spacieuses et faites à peu de frais dans les flancs des rochers à des hauteurs et dans des positions convenables et à proximité du fort, ayant avec lui des communications à bord escarpé, etc.; ces excavations étant fermées sur le devant par de bonnes maçonneries percées d'embrasures, etc.; enfin, le pourtour dans le fond de ces casemates étant muni de

Quant à l'importance relative du fort l'Écluse, il est à remarquer que d'autres points sur cette frontière sont encore à défendre; les principaux sont les passages des Rousses et de la Faucille qu'il importe aussi de fermer. D'autre part, bien des passages se présentent encore sur les derrières du fort l'Écluse de la rive gauche, sur la rive droite du Rhône, à Bellegarde, à Seyssel, etc. — Ce qui peut être digne de remarque, et ce qui semble devoir atténuer la grande importance qu'on a attachée depuis 1815 à ce fort, c'est que de deux choses l'une : ou l'ennemi serait maître de la rive gauche du Rhône qui ne nous appartient pas, ou cette rive nous serait acquise; dans le premier cas, l'ennemi pouvant avec bien plus de facilité pénétrer avec son matériel sur notre territoire, en franchissant le Rhône sur les derrières du fort, il n'aurait plus un intérêt si puissant de faire contre le fort une attaque sérieuse qui l'exposerait à coup sûr à des sacrifices, à une perte de temps et de moyens; dans le deuxième cas où nous occuperions la rive gauche, la défense du fort en serait bien plus facile, et finalement on peut croire que dans les deux cas, avec 3 ou 400,000 fr. il était possible de rendre le fort l'Écluse *relativement* imprenable.

L'écroulement instantané du bâtiment de la porte de Genève fut un accident grave qui fit bien des victimes, et fut cause de la reddition du fort. J'ai dû à ce sujet entrer dans des détails circonstanciés et tâcher de faire voir à quelles causes il est réellement possible

coffres assez épais en glaise et sable pour amortir les effets des projectiles qui pourraient pénétrer par les embrasures, etc.

d'attribuer cette catastrophe, afin qu'une telle expérience payée si cher ne soit du moins pas perdue, et qu'elle puisse servir pour l'avenir. Elle semble démontrer mieux que des raisonnements tout le danger auquel on s'exposerait en établissant des bouches à feu *de campagne*, courtes, etc., dans les pièces basses d'un bâtiment élevé et exposé au feu de l'ennemi, et que ce danger, loin d'être atténué, pourrait au contraire être accru par des blindages que l'on croirait devoir ajouter à l'intérieur pour consolider le bâtiment ou pour se mettre à l'abri des feux verticaux.

L'artillerie possède des tables pour les tirs à ricochet, de plein-fouet, etc., de ses bouches à feu; elle a des règles usuelles et des relations établies entre les charges, les vitesses, etc. Ces tables et ces règles reposent sur des données assez nombreuses de l'expérience pour les cas *ordinaires* où les points à battre sont de niveau ou *à peu près* avec les pièces, données d'une exactitude bien suffisante pour la pratique d'ailleurs si sujette à tant de petites erreurs provenant d'une si grande complication de circonstances qu'on ne saurait également maîtriser. Mais pour les points à battre qui se trouvent *notablement* au-dessus ou au-dessous de l'horizon, on manque entièrement de données *pratiques*, qu'il n'est, au reste, pas facile de se procurer dans les polygones des écoles d'artillerie. On ne saurait cependant révoquer en doute que dans de telles circonstances, les données du tir et par conséquent le tir lui-même, ne doivent être soumis à des variations d'autant plus sensibles que les points à battre sont plus au-dessus ou au-dessous de la bouche des pièces, et qu'il y aurait en conséquence à modifier pour ces cas les tables de tir actuelles, les diverses relations admises et les règles en usage.

Des faits spéciaux du fort l'Écluse que j'ai d'abord exposés, et des inductions que j'ai tirées d'autres faits incontestables et qui ont plus ou moins de rapports avec ceux en question, j'ai cru pouvoir déduire d'abord que les inclinaisons du tir doivent avoir une influence notable sur les effets; ensuite que, contrairement à ce qui est admis sans preuves, le tir de bas en haut doit être en général préférable au tir de haut en bas; qu'en conséquence de deux positions, l'une dominant l'autre, la position *dominée* devrait être préférée, et pour la justesse du tir et pour la vitesse finale des boulets.

Ces conclusions sont tellement en dehors *de ce qui est admis*, qu'elles seront sans doute contestées de prime abord, et qu'elles pourront même continuer à l'être, tant que des expériences *spéciales* bien faites et par conséquent décisives, n'auront pas prononcé. — Que n'admet-on pas, etc. ! (1) — Quelle que soit ma con-

---

(1) On admet aussi, *Aide-Mémoire* de 1836, *Lois usuelles*, etc., page 330 : « que les vitesses de boulets de même diamètre et de *poids* » *différents* avec des charges égales, sont à peu près *en raison inverse* des » racines carrées de ces poids.... qu'on ne produit aucune différence dans » la vitesse du boulet *en refoulant plus ou moins fort* AVEC OU SANS *bou-* » *chon*, etc , etc. » Mais ces lois prétendues sont plus que contestables pour le tir horizontal comme pour le tir incliné, car elles reposent encore sur des idées fausses de l'inflammation et des effets de la poudre qui sont variables suivant que la charge est plus ou moins tassée, et que la résistance à vaincre est plus ou moins grande: d'abord, pour les boulets de même diamètre, mais *d'un plus grand poids*, la résistance à vaincre doit être plus grande; mais cette résistance plus grande favorise un développement de puissance de la poudre plus considérable, et doit par conséquent augmenter

viction à ce sujet, quelque confiance grande ou faible que puissent mériter les démonstrations que j'ai données, il n'est pas moins impossible de contester la nécessité de ces expériences que je voudrais pouvoir provoquer, puisqu'en définitive, quels que soient réellement les effets, il est bien évident qu'ils ne sont pas les mêmes que pour le tir horizontal, et qu'en conséquence les règles établies ne sauraient être applicables à ces cas particuliers.

Ainsi, il y aurait à constater d'abord *jusqu'à quels degrés* les tables en usage et les règles admises peuvent être appliquées pour des buts au-dessus et au-dessous de la bouche des pièces; puis il y aurait à déterminer

la vitesse, à peu près comme dans le cas d'inclinaison de bas en haut que nous avons examiné, etc.; donc, au lieu de *raison inverse*, il faudrait admettre plutôt une raison quelconque, mais *directe*. — Par induction, des bouchons sur le boulet, en tant qu'ils augmenteraient la résistance, devraient produire un effet semblable, ils peuvent donc être cause d'une différence dans la vitesse ; dans le tir de haut en bas, il y aurait même à voir si des bouchons ne pourraient pas jusqu'à un certain point compenser la moindre résistance du boulet qui tend à s'échapper. — Enfin, on ne peut pas dire qu'on ne produit aucune différence dans la vitesse *en refoulant plus ou moins fort*, si par le refoulement, comme cela arrive, on parvient à tasser la poudre, à la resserrer et à diminuer le vide dans la charge, *vide* dont on contestait l'influence qui ne parait désormais plus contestable d'après les expériences faites à Metz dans ces derniers temps, expériences qui ont confirmé mes démonstrations sur les effets du vide propres à favoriser les vitesses et les portées : cette question du *vide*, ainsi que les autres, je les avais traitées, il y a douze ans, en 1826 . *Journal des sciences militaires*, novembre, 14ᵉ livraison, en rendant compte des expériences de Hutton. Quoique ces questions ne soient pas entièrement étrangères à mon sujet, puisqu'il s'agit encore des effets variables des charges de poudre, les bornes que je dois m'imposer ici, me forcent à renvoyer pour de plus amples développements sur ces choses à l'article désigné dans lequel je signalais en outre plusieurs causes d'erreurs commises par Hutton et Villantroys.

graduellement par des expériences les modifications à apporter à ces tables et à ces règles pour de plus grandes inclinaisons, *au moins* jusqu'aux limites de 10 à 12° assignées par les exigences du service pour les pièces, etc., etc. (1)

(1) Il semble qu'il y aurait moyen, même dans les polygones, de parvenir à constater les différences de vitesse imprimées aux boulets tirés de près sur des points *au-dessus* et *au-dessous* de la bouche des pièces (ce qui n'est guère admissible avec le pendule) en utilisant pour cela la grande butte sur laquelle on pourrait établir un coffrage en madriers de sapin assez minces qu'on remplirait de matières homogènes et les moins résistantes (glaise pure humide, terre légère passée au crible, etc.), puis en ménageant sur la même butte et à même hauteur, un emplacement pour les mêmes pièces qui, là, tireraient de haut en bas sur un coffre identique en plaine et à des distances plus ou moins grandes, afin d'avoir des inclinaisons différentes, et les mêmes au-dessus et au-dessous de la bouche des pièces pour les mêmes distances.—Mais comme, par de telles dispositions, on pourrait, en été, entraver le service des écoles, et que, ce qui est bien à considérer, on serait par ce moyen obligé de tirer à des distances *différentes*, et que par là on compliquerait mal à propos la question en introduisant un élément variable dû aux effets inégaux de la résistance de l'air pour des distances plus ou moins grandes, il semble qu'il conviendrait d'employer de préférence à la butte un échafaudage solide et assez simple en charpente qui consisterait en montants moisés. ces montants accouplés recevant entre deux des chapeaux mobiles qui seraient fixés à ces montants par de fortes chevilles en fer : ces systèmes de montants et de chapeaux étant ainsi semblables à des *chevalets à chapeau mobile*, sauf que les pieds seraient ici solidement fixés sur des soles, et les montants reliés entre eux de distance en distance par de bonnes traverses, etc., etc. Les chapeaux, recouverts de forts madriers, formeraient un plancher mobile capable de recevoir alternativement, et pour chaque hauteur qu'on pourrait régler à volonté, les coffrages et les pièces qui de là tireraient toujours à une même distance et sous des angles depuis 0° jusqu'à 15° et même 20° au-dessous de l'horizon ; le plancher pourrait même être incliné de manière à ce que la face antérieure du coffrage fût toujours perpendiculaire à la direction du tir. En supposant la distance de 20 mètres, et la plus grande inclinaison à donner de 15° pour mieux découvrir les nouvelles lois, il fau-

En représentant par des ordonnées les inclinaisons successives de l'axe des pièces, et par des abcisses les accroissements ou diminutions des vitesses initiales correspondant à ces inclinaisons, qui auraient été déterminées par de bonnes expériences, on parviendrait à tracer une courbe représentant les variations graduelles que doivent subir les vitesses initiales. — Pour les petits angles d'inclinaison qui n'apportent pas de modifications sensibles, cette courbe se confondrait avec l'axe des ordonnées, et s'en éloignerait de plus en

drait un échafaudage de 5^m,40 de hauteur totale, hauteur qui serait plus faible, si l'on ne trouvait pas trop d'inconvénients à rapprocher le but, à diminuer la distance, hauteur qui serait plus faible encore, si l'on jugeait à propos de s'en tenir à une inclinaison de 12 au lieu de 15°, en sorte que pour une distance de 15 mètres et une inclinaison de 12°, la plus grande hauteur du plancher ne serait plus guère que de 3^m,20. — Il y aurait plus de simplicité encore, lorsqu'on n'aurait pas à craindre d'être gagné par les eaux, à prendre les choses au rebours, et au lieu de s'échafauder, de s'enfoncer en terre par de larges excavations, etc. — Enfin, on pourrait recourir à un moyen mixte en mettant à profit ensemble les deux idées que je viens de présenter, moyen qui semblerait le plus convenable et qui pourrait être applicable partout.

Ainsi, dans les grandes écoles où les bras ne manquent pas, par des expériences consciencieuses, avec des charges de *même* poudre *égales* et employées de la *même* manière, on parviendrait à constater des phénomènes importants et à les rattacher à ceux pour le tir horizontal déjà obtenus ou qu'on obtiendrait avec le pendule aux mêmes distances, etc. — Pour pouvoir mieux apprécier les effets de la résistance de l'air sur les boulets parcourant leur trajectoire, quelle importance n'y aurait-il même pas à déterminer autrement que par le calcul les vitesses *d'arrivée* des projectiles, leur force restante sur des buts pénétrables, dans les polygones pour le tir horizontal et pour les différentes vitesses *initiales* correspondant aux tirs horizontal et inclinés; effets que dans tous les cas on pourrait encore rapporter au pendule par des pénétrations égales à petite distance, avec de *moindres* charges, comme moyen de vérification, etc., etc.

plus *sensiblement* au-dessus et au-dessous de l'axe des abcisses, à mesure que les inclinaisons deviendraient plus grandes. Ce qui est à bien remarquer, c'est que les variations de vitesse ne devant pas seulement dépendre des degrés d'inclinaison, mais aussi et du *calibre*, et du *poids* des projectiles et des *longueurs d'âme*, et des *charges*, il en résulte que pour les pièces de 8 de campagne, par exemple, la courbe ne saurait être la même que pour les pièces de 24 et encore moins pour celles de 36, qu'il y aurait en conséquence à faire des expériences et à déterminer les courbes pour chaque calibre des pièces de campagne, de siége, de côte. — Aux calibres de 24 et de 36, répondraient les courbes les plus prononcées, parce que les charges et les poids des boulets étant les plus forts, l'inclinaison doit avoir dans ces cas la plus grande influence pour modifier les vitesses initiales, comme elle en aurait proportionnellement moins peut-être pour les obusiers, à raison des charges et des poids des obus moins grands, etc.

Au reste, il paraît bien démontré que les vitesses initiales ne changent point, qu'elles sont les mêmes que pour le tir horizontal, tant que le but n'est plus haut ou plus bas que de 1/100 de la distance horizontale qui le sépare de la pièce, et qu'il n'y a pas de différence encore sensible pour des inclinaisons, *même* jusqu'à 1/50, qui, dans ce dernier cas, ne correspondent qu'à *un* degré et *quelques* minutes. Mais, d'après M. d'Obeinheim, une charge et une hausse déterminées pour le cas du tir horizontal, pourraient encore être employées avec succès pour un but au-dessus ou au-dessous de la pièce de moins de 1/20 de la distance horizontale, inclinaison correspondant à un peu moins de 3°. — Sans doute cette limite, plus éloignée, serait plus avantageuse, et la maxime serait déjà très utile ; mais faut-il encore que ce point de départ soit sanctionné par l'expérience, etc.

Quoiqu'on ne se soit pas jusqu'à présent occupé d'une manière sérieuse de ces questions, qui, sous le rapport des *effets*, ont de l'importance, il s'en faut que, sous le rapport des *pplicationsa*, elles soient dénuées d'intérêt, *et* pour le tir des pièces de campagne dans les guerres en pays accidentés, *et* pour celui des gros calibres, soit qu'on ait à défendre ou à attaquer, et même à construire des fortifications, *et* pour les batteries de côte, qui doivent, autant que possible, être assez élevées pour n'avoir pas à craindre, même pendant les grandes marées, les ricochets sur l'eau des projectiles provenant des bâtiments ennemis, batteries pour lesquelles il importe de savoir plus au juste jusqu'à quelles distances en mer, *suivant les hauteurs*, les projectiles peuvent être portés avec quelque justesse, et à quelles distances ils peuvent encore ricocher sur l'eau sous les angles limites de 6 à 8°, ou encore, en partant de ces données, comment on aurait à en déduire les hauteurs à fixer pour certaines batteries.

Dans les temps anciens, on recherchait les hauteurs pour s'y fortifier : les seigneurs du moyen âge avaient leurs châteaux forts perchés sur les cimes les plus élevées. Quoique l'invention de la poudre et l'emploi de plus en plus perfectionné des armes à feu . et leur usage devenu presque exclusif, aient tant contribué à modifier l'attaque et la défense, en rase campagne comme en positions fortifiées, il semble cependant que nous soyons encore fascinés par les anciennes idées, et surtout par notre éducation expérimentale (1).

(1) Dès notre enfance, époque de notre vie où nous expérimentons le

Préoccupé des avantages réels que les hauteurs présentent par leur accès plus difficile, par la facilité de découvrir plus au loin, familiarisé avec ces idées de supériorité qu'on n'a guère plus songé à révoquer en doute, *sous tous les rapports*, que la chute des graves dans l'air, on a donc attribué de même aux hauteurs des avantages pour les *effets du tir* des pièces d'artillerie, sans avoir tenu même à justifier ces avantages supposés par des faits positifs, par des expériences concluantes.

Ainsi, on considère encore comme bien préférables pour le tir, les positions élevées sans être fichantes. Par exemple, le général Gassendi (dernière édition de 1819, page 1148) recommande pour les batteries

plus pour nous familiariser avec tout ce que nous trouvons autour de nous, où nous cherchons instinctivement à mesurer nos forces, à les développer, à nous rendre maîtres de la matière, à ces âges heureux que les mauvaises passions des hommes ne tourmentent pas encore, nous apprenons dans nos jeux combien les hauteurs sont préférables, soit pour lutter, soit pour lancer des projectiles, des pierres, etc.; nous apprécions alors combien la gravité peut ajouter à la force de nos bras, pour donner d'un lieu élevé plus de vitesse et de force aux projectiles, et combien elle contribue au contraire à ralentir, à affaiblir leurs effets, si nous lançons des pierres de bas en haut. Et c'est d'après de telles impressions qui nous restent, d'après de telles données que, sans même nous en douter, nous voudrions juger les effets de la poudre dont les moindres charges peuvent briser les plus grands obstacles et en projeter les débris au loin! — Que sont en définitive des vitesses initiales de 8 à 10 mètres imprimées par nos mains débiles, comparativement aux vitesses prodigieuses de 400 et 500 mètres imprimées aux balles et aux boulets qui parcourent ces grandes distances dans 1/60 *de minute!* vitesses si grandes et temps si court, que la gravité ne saurait là influer d'une manière notable, ni même sensible, je ne dis pas sur la direction des boulets parcourant leur trajectoire, mais sur de semblables vitesses, quel que soit le tir *incliné usuel* des pièces, de haut en bas ou de bas en haut.

de campagne, de ne pas choisir les positions trop élevées ; mais il ajoute que *le maximum* AVANTAGEUX *est
de* 15 *à* 20 *toises sur* 300, *et* 8 *toises sur* 100 *toises,* tandis
que dans les nouveaux *Aide-Mémoires* de 1831 et de 1836,
il est dit, pages 39 et 287 : *Dominer le terrain environnant
au plus de 7 mètres sur* 100 ; *la pente de* 1/100 *est la plus
favorable, les ricochets sont plus rasants.* — N'ayant pas
ici à examiner la question sous le rapport de la diffi-
culté des approches, puisque, sous ce rapport, les
avantages sont incontestablement en faveur des troupes
qui occupent les hauteurs, *lorsque l'ennemi veut les
aborder de vive force,* je me bornerai à faire remarquer
que dans les citations que je viens de faire, pour les
effets du tir déjà on tient bien moins aux hauteurs
dans les deux derniers Aide-Mémoires.

Jusqu'à présent, j'ai eu principalement en vue le
tir de *plein-fouet.* En considérant le tir *à ricochet*, en
campagne, où l'on emploie toujours les mêmes charges,
les mêmes que pour le tir de plein-fouet, je suis porté
à croire, à plus forte raison, que sur des terrains se
prêtant au tir à ricochet, résistants, et en pente assez
douce pour que les angles ne dépassent pas certaines
limites, non seulement on obtiendrait de bas en haut
les meilleures portées de plein-fouet, mais que, des
positions dominées, le tir à ricochet serait encore plus
rasant et plus efficace que des positions dominantes :
1° parce que les ricochets seraient relativement plus
tendus, puisque la vitesse initiale serait plus grande ;
2° parce que l'angle de première chute serait plus petit
que dans l'autre cas ; 3° enfin, parce que les angles de
relevée, en tirant de bas en haut, seraient proportionnellement plus petits que leurs correspondants dans l'autre
position, eu égard à la pente du terrain, en sorte que

les bonds successifs plus multipliés seraient plus rasants. Il s'agit, bien entendu, de faibles angles de tir qui laissent une assez grande latitude, puisque pour la pièce de 12, tirant à 1200^m de distance, la hausse à donner, dans ce cas, en terrain horizontal, n'est que de 0^m,072, correspondant à l'angle de tir de 3°, angle qui même pourrait être plus faible dans le tir de bas en haut, plus fort au contraire dans le tir de haut en bas.

En résumé,

Par tout ce qui précède, je suis amené à conclure que si les *terrains plus ou moins dominants* sont avantageux aux troupes contre les approches, pour les charges, les attaques à la baïonnette, etc.; ils sont en général désavantageux pour les feux d'artillerie. Comme, dans de telles positions respectives, ce sont assez souvent des combats d'artillerie qui se livrent, et que ces combats peuvent même décider de la perte ou de l'enlèvement des positions, suivant l'influence morale qui agit sur les troupes, il s'ensuit que l'importance du commandement du terrain *peut* être restreinte en campagne; mais elle *doit* l'être, à plus forte raison, dans l'attaque et la défense des places où l'artillerie est *toujours* appelée à jouer un si grand rôle, etc., etc., sans préjudice des défilements nécessaires.

Pour appuyer de telles conséquences, des expériences, des faits nombreux et *précis* que l'histoire des siéges et des batailles ne donne guère, vaudraient sans doute mieux que quelques faits isolés, que des raisonnements et des inductions les mieux fondées; j'ai recherché ces faits et ces expériences, et n'ai trouvé que des formules, des tracés graphiques déduits de ces formules, qui reposent sur des données, sinon fausses, du moins hypothétiques pour les cas que j'avais à examiner. Par cette dissertation, que l'on ne considérera aussi guère que comme spéculative, et que j'aurais voulu rendre plus concluante par des faits nombreux, si je parvenais du moins à fixer l'attention des officiers studieux et expérimentés sur les questions que j'ai soulevées, et que par suite des expériences spéciales et décisives pussent en résulter, j'aurais pleinement atteint le but que je me suis proposé en m'occupant de ces choses.

J. MADELAINE,
capitaine d'artillerie.

Paris. — Imprimerie de Bourgogne et Martinet, rue Jacob, 61